LA SYRIE

ET

L'ALLIANCE RUSSE

PARIS
IMPRIMERIE DE L. TINTERLIN ET Ce,
rue Neuve-des-Bons-Enfants, 3.

LA SYRIE

ET

L'ALLIANCE RUSSE

PARIS
E. DENTU, LIBRAIRE-EDITEUR
GALERIE D'ORLÉANS, 13, PALAIS-ROYAL

1860

LA SYRIE

ET

L'ALLIANCE RUSSE

Comme au temps des croisades, l'Europe chrétienne s'agite en présence des horribles attentats dont la Syrie vient d'être le théâtre. Sept cent mille chrétiens sont livrés à l'implacable fanatisme de deux millions de musulmans, et le gouvernement turc, par son inexplicable inaction, semble se reconnaître leur complice. Certes, la France eût manqué à toutes ses traditions si elle n'eût pas immédiatement revendiqué l'honneur de protéger les biens et la vie des descendants de ceux qui furent autrefois les soldats de Pierre l'Ermite et de Philippe Auguste.

Le traité de Paris signé après la guerre de Crimée, n'a garanti l'Empire ottoman de toute intervention qu'à la condition que le sultan saurait accorder à tous ses sujets une égale indépendance, une égale tranquillité. Or, entre les croyants et les giaours, la balance ne s'est point maintenue en équilibre. Que la Porte approuve tout bas ces tentatives audacieuses, afin de faire revivre les beaux jours de l'Islam, il est difficile de l'admettre, ce serait une faute et une trahison. Mais si cependant elle est contrainte de tolérer ce qu'elle ne peut empêcher, elle avoue son impuissance et signe sa déchéance.

Il est donc grand temps de songer à porter remède à une situation qui ne saurait se prolonger sans aboutir à une suprême catastrophe, c'est-à-dire à l'extermination totale des chrétiens. L'expédition hautement annoncée que compte faire le gouvernement de Constantinople, ne suffit pas pour ramener l'ordre dans ces malheureuses contrées, il faut que les puissances alarmées qui ont des coreligionnaires à défendre soient prêtes à mettre le pied en Syrie.

Il ne serait plus temps de protéger des victimes, on n'aurait plus à venger que des martyrs.

Deux nations en Europe sont surtout intéressées à défendre la croix sur ces lointains rivages, la France et la Russie. Quelle serait la conséquence probable de l'union de leurs armées et le contre-coup qui en résulterait dans l'organisation ultérieure de l'Europe ? C'est ce que nous nous proposons d'étudier.

I.

A certaines périodes de l'histoire, nous voyons qu'obéissant à de nouvelles lois d'attraction ou d'agglomération, les peuples forment des combinaisons politiques inconnues au passé.

Nous assistons à un de ces moments critiques dans la vie de l'humanité. La question de Syrie n'est qu'un des nœuds d'une situation généralement fort compliquée.

L'Europe entière attend, anxieuse, une vaste solution qui puisse établir les bases d'une paix durable, chez elle aussi bien qu'en Orient.

Or, ce but ne peut être atteint qu'autant que l'organisation de notre continent sera conforme aux vœux et aux besoins actuels.

Des questions de nationalités mal comprimées, des nuances religieuses hostiles, des mœurs antipathiques, des langues radicalement opposées, entretiennent dans quelques États de l'Europe un secret ébranlement qui empêche la confiance de renaître et entrave les progrès de la civilisation.

La paix, ce terme définitif de l'ambition de tout gouvernement, ne paraît devoir être bien assise que si les causes permanentes que nous venons d'indiquer disparaissent.

Nous voudrions donc essayer d'atteindre un double résultat:

1° Partout où cela serait possible favoriser la formation d'un Etat homogène, rationnel, qui aurait mission d'absorber ou de résumer dans une puissante unité les populations ayant des idées et des tendances communes.

2° Tâcher de satisfaire à ce principe sans avoir recours à la force des armes pour l'établir.

II.

Au premier coup d'œil, la France et la Russie paraissent avoir réalisé l'idéal des monarchies. Séparées par quatre cents lieues de distance, ces deux puissances sont arrivées par les voies les plus opposées à cette unité qui fonde seule des empires durables, et non des circonscriptions éphémères dont la fortune capricieuse de la guerre peut à tout instant changer les limites.

Certes, nous savons que la France, surtout, n'a point traversé les siècles telle que nous la voyons constituée aujourd'hui, et qu'il lui a fallu un long travail d'extension et d'assimilation avant qu'elle ne donnât avec vérité un seul et même nom à ses belles provinces. Quoi qu'il en soit, que la France soit lentement arrivée à l'unité, ou qu'en Russie, Pierre le Grand et Catherine II l'aient fondée du premier coup, il est difficile de rêver une homogénéité plus parfaite que celle qui existe actuellement dans les deux pays ; mais leur mission ne s'arrête pas impuissante vis-à-vis de frontières infranchissables ; ni la France ni la Russie n'ont atteint leur dernière formule.

Les czars, recueillis depuis cent trente-cinq ans face à face avec le testament de Pierre le Grand, ne cessent de jeter un long regard de convoitise sur la Turquie d'Europe. Jamais la Russie n'a manqué sous chaque nouveau règne de faire une tentative de ce côté et de prouver une fois de plus où sont ses espérances. Récemment encore n'a-t-il pas fallu l'intervention énergique de la France et de l'Angleterre pour retarder le moment si impatiemment attendu où l'Empereur de toutes les Russies pourra recueillir *l'héritage du malade ?*

La France doit-elle continuer à défendre contre les prétentions des czars l'empire vermoulu du Sultan ? Nous ne le pensons pas.

Si la Russie voulait bien nous prêter son concours pour *revendiquer* les frontières du Rhin, il nous semble que, même au prix d'un royaume, ce ne serait pas payer trop cher son alliance. Grâce à cette combinaison, la France pourrait rentrer dans ses véritables limites, dont le géographe Strabon traçait il y a dix-huit cents ans la configuration en ces termes :

« Il semble qu'une Providence tutélaire éleva ces chaînes de « montagnes, rapprocha les mers, traça et dirigea le cours de « tant de fleuves, pour faire un jour de la Gaule le peuple le « plus florissant du monde. Ce qui mérite surtout d'être re- « marqué dans cette contrée, c'est la parfaite correspondance « qui règne entre les divers cantons par les fleuves qui les ar- « rosent et par les deux mers dans lesquelles ces fleuves se dé- « chargent; correspondance qui constitue en grande partie « l'excellence de ce pays, par la grande facilité qu'elle donne « aux habitants de communiquer les uns avec les autres, et de « se procurer mutuellement toutes les choses nécessaires à la « vie. Une si heureuse disposition des lieux, par cela même « qu'elle semble être l'ouvrage d'un être intelligent, suffirait « pour prouver la Providence. »

La France naturelle, et non la France amoindrie sortie du traité de 1815, est, comme le dit Strabon, assise au bord des mers et paraît être à la tête du continent européen ; elle communique par ses frontières avec les États les plus puissants et par les mers avec le globe entier ; sa forme générale est harmonieuse; la terre y est fécondée dans toutes les directions par cinq grands fleuves, et semble destinée à porter et à nourrir un grand peuple.

On le comprend, la France désire reconstituer l'œuvre divine dérangée pendant quelques siècles par la main des hommes, et cela paraît être tellement dans la nature des choses, que même à une époque où, certes, nous ne songions guère aux extensions territoriales, l'Allemagne n'en était pas moins sujette à des crises d'inquiétude, et nous jetait comme une provocation le chant patriotique de Becker.

Quelles que soient les vues secrètes du pouvoir qui dirige les destinées de la France, fussent-elles complétement désintéressées, l'étranger nous prêtera toujours des projets d'annexion du côté du Rhin. Ne serait-il pas de bonne politique d'avoir les bénéfices d'une situation qui nous rend suspects sans profit et sans gloire? Obligés sans cesse de rassurer nos voisins sur nos projets par des promesses qui les trouvent incrédules, quoique depuis 1815, résistant aux pressions de l'opinion publique, nos divers gouvernements aient assez donné de preuves de leur loyauté, pourquoi n'aurions-nous pas le courage d'avouer des vues si conformes à l'intérêt de la France?

Nous savons que nous ne sommes pas seuls à avoir des projets d'agrandissement. Or, si la Russie regarde Constantinople du même œil dont nous regardons le Rhin, ne pourrait-on parvenir à tirer parti de ces prétentions analogues, et faire accepter à l'Europe une combinaison donnant à la Russie la Turquie et à la France ces frontières du Rhin que Napoléon Ier considérait, en 1814, comme une condition *sine quâ non* de son existence comme souverain.

III.

Voilà les tendances russes et françaises nettement posées; examinons s'il est plus difficile de les justifier.

Si l'on envisage la question pour ce qui concerne la Turquie (nous ne parlons pas de l'Asie-Mineure), on trouve sous le sceptre ottoman treize millions de Grecs rattachés par les liens les plus puissants, ceux de la religion, à leurs frères de Russie. Le czar est pour les sujets grecs du sultan un des chefs de leur culte, l'égal, sinon le supérieur du patriarche de Constantinople.

Opprimés par deux millions de Turcs, qui, on ne cesse de le répéter, ne se considèrent que comme campés en Europe, les Grecs de la Turquie attendent qu'on relève le trône des empereurs d'Orient. Ce mot pompeux semble nous éloigner des temps modernes et nous rejeter dans un lointain passé; et cependant en quatre siècles un peuple ne peut oublier ses traditions. Or, ce n'est que depuis quatre cents ans seulement que Constantinople est au pouvoir des sectateurs de Mahomet.

De nos jours, l'insurrection grecque, qui dura neuf ans (de 1821 à 1830), n'a été que le prélude du mouvement qui se prépare en ces pays, et dont les massacres de Syrie semblent devoir donner le signal. Ils n'attendent qu'un ordre venu de leur chef spirituel de Saint-Pétersbourg ou de Constantinople, pour entrer en révolte contre les Infidèles, et il est peu de politiques à longues vues qui ne considèrent comme prochain le dénoûment de la question d'Orient dans un sens favorable à la Russie.

Il ne faut donc pas s'étonner qu'appelés par les vœux de leurs coreligionnaires et encouragés par les prédictions des hommes d'Etat, les Russes ne soient préparés à passer le Pruth à la première alerte.

Si maintenant nous jetons un regard sur nos propres frontières, les considérations qui justifient nos tendances ne nous paraissent pas moins importantes. Mettons un instant de côté tout souvenir historique et toute raison géographique, prenons une à une chacune des provinces entourées par le Rhin, et étudions les motifs qui militent en faveur de leur annexion.

Nous rencontrons d'abord la Belgique.

De bonne foi, il est difficile de contester les frappantes analogies qui ont fait donner à ses habitants, par quelques historiens, le nom de Français du Nord. En effet, partout les classes élevées n'y parlent que notre langue, et le flamand n'est plus guère compris que par le peuple de quelques rares localités. En outre, la Belgique est tout entière attachée au catholicisme et c'est à la France, sa sœur, par l'origine, par l'idiome et par la religion, qu'elle a dû son indépendance.

Nous ne voulons pas rappeler que la Belgique, conquise par nos armes en 1795, forma neuf départements français jusqu'en 1814. Cependant il faut croire que notre joug ne parut pas trop lourd puisqu'en 1831, il ne faut pas l'oublier, la Belgique n'ayant pu obtenir des puissances l'autorisation de se donner à la France, décerna par le vote de ses deux Chambres la couronne du nouveau royaume au duc de Nemours, fils du roi des Français. Le refus du duc de Nemours fit, il est vrai, offrir le trône au prince de Saxe-Cobourg, depuis Léopold Ier; mais le précédent que nous évoquons nous semble avoir une grande importance, et il doit faire présumer que si la Belgique était consultée, elle ne serait pas moins généreuse que la Savoie et prouverait une fois de plus l'attraction, le prestige que la grandeur de la France exerce autour d'elle. L'opposition de quelques membres des classes élevées serait bien vite étouffée sous les acclamations populaires.

Avant de se jeter dans la mer, le Rhin se divise en trois branches dont deux appuient fortement vers le Nord : l'Yssel qui débouche dans le Zuyderzée, et le Wahal qui grossit la Meuse. Si la France avait à tracer de nouveau ses limites, ne pourrait-elle pas, pour entamer le moins possible la Hollande méridionale, suivre le cours du vrai Rhin au lieu de prendre la ligne de l'Yssel ou du Wahal. C'est ce qu'elle ferait certainement.

Du reste ce n'est pas du côté de la Hollande qu'il est indispensable de rectifier nos frontières en prenant pour base la ligne du Rhin. La Belgique, telle qu'elle est limitée actuellement, suffirait certainement à satisfaire les besoins d'extension qui depuis quelque temps se font jour plus que jamais dans l'opinion publique. La ligne de l'Escaut est d'ailleurs la frontière concédée à la France par le traité de Lunéville en 1801.

En longeant la Belgique à l'Ouest nous trouvons une nouvelle enclave du Rhin, c'est le Luxembourg.

La partie du Luxembourg qui ne dépend pas de la Belgique est une possession particulière du roi de Hollande. Elle fait partie de la Confédération germanique. Les Etats généraux de Hollande ne pourraient s'opposer à l'exécution d'un traité passé librement par le pouvoir exécutif de Hollande au sujet du Luxembourg. Cette province est complétement indépendante du reste du royaume.

Pour la première fois nous venons de prononcer le nom de la Confédération germanique. Mais si les susceptibilités de la Confédération sont grandes, la province du Luxembourg est bien petite; en outre nous allons tant demander tout à l'heure, que la question du Luxembourg sera de bien peu d'importance quand nous aurons développé nos autres prétentions. Le Luxembourg formait sous l'Empire le département des Forêts. Sa population est de 260,000 habitants, sa superficie de 6000 mètres carrés, c'est-à-dire les trois quarts du département du Cantal.

La Belgique et le Luxembourg en notre pouvoir, notre tâche n'est pas terminée. Pour compléter nos frontières, disons donc hardiment ce qui nous manque encore, mais en voyant tout ce que nous avons à faire pour dégager notre pays des barrières que les traités de 1815 avaient élevées autour de lui, nous ne pouvons nous empêcher de répéter ce que l'on a dit, hélas! avec tant de vérité : Ce traité n'a pas été passé entre toutes les puissances de l'Europe, mais par toutes les puissances de l'Europe contre une seule.

En effet, pour arriver au Rhin, voyons les mécontentements que nous créons à chaque pas. Il ne nous faut pas prendre moins des deux tiers de la Prusse rhénane, la Bavière rhénane tout entière et environ un tiers du grand-duché de Hesse. Tous ces territoires formaient sous l'Empire les départements de la Roër, du Rhin et Moselle, de la Sarre, du Mont-Tonnerre et le grand duché de Berg. En 1815, ils ne furent divisés entre un grand nombre de possesseurs que pour rendre plus difficile notre retour.

Chose remarquable, ces pays annexés à la monarchie française, n'ont été relativement que peu d'années en rapports directs avec nous, et cependant notre passage au milieu d'eux a laissé les traces les plus durables. Que de paroles sympathiques recueille autour de lui le Francais voyageant en ces contrées; nous en appelons volontiers aux souvenirs de tous ceux qui les ont visitées. Depuis quarante-cinq ans, pas un soldat français n'a tenu garnison dans ces villes des bords du Rhin, et malgré cela, il faut voir le touchant accueil qu'on y fait à notre uniforme; catholiques comme nous, ils sont presque Français comme nous : N'était-ce pas à Aix-la-Chapelle que se tenait la cour de notre empereur Charlemagne?

Voulez-vous des raisons plus pratiques? Observez sur la carte la position de la Prusse rhénane et de la Bavière rhénane, le seul des huit cercles de ce royaume qui soit à l'Ouest du Rhin. Les véritables relations commerciales de ces pays sont en France plutôt qu'en Allemagne; la large ceinture du Rhin, voilà un obstacle plus sérieux aux transactions que le poteau de la douane. Séparées de leur métropole, non-seulement par ce grand fleuve, mais par des États indépendants, les deux provinces dont nous parlons ne reçoivent l'impulsion de leur gouvernement qu'après que le reste de la nation y obéit depuis longtemps. Isolées au milieu de populations tantôt favorables, tantôt hostiles aux cabinets de Munich ou de Berlin, la Prusse et la Bavière rhénanes peuvent être enlevées comme un poste un jour d'émeute, et du premier coup toute relation serait interrompue avec la mère-patrie. Ce serait le juste châtiment de ces combinaisons factices auxquelles, à la fin de longues guerres, on s'arrête avec trop de confiance parce qu'on prend le silence des peuples pour un consentement, tandis que ce n'est que l'aveu de la lassitude.

Contiguës à la France, les provinces rhénanes doivent en être les dépendances politiques comme elles en sont les dépendances naturelles.

Nous venons d'indiquer les raisons qui militent en faveur de l'annexion des principaux territoires situés en deçà du Rhin. Mais ce n'est pas tout. Outre une enclave importante du grand-duché de Hesse, le landgraviat de Hesse-Hombourg (22,000 habitants) et une circonscription un peu plus importante du duché de Holstein-Oldenbourg, devraient dans l'hypothèse que nous soulevons être annexés sauf indemnités ou compensations.

Sur plusieurs points la langue française n'est pas en usage, mais l'Alsace est-elle donc la moins française de nos provinces?

IV.

Nous venons de constater que la France et la Russie tendent inévitablement à une extension de frontières. Ce but commun ne devait-il pas amener ces deux puissances à une entente cordiale?

En outre, en toute alliance, pour les peuples comme pour les individus, il est bon que les perspectives de l'avenir ne soient pas troublées par la possibilité de conflits à naître d'intérêts en hostilité. La Russie et la France se trouvent dans ce cas. Le monde est assez grand pour que ces deux puissances aient la faculté de s'y mouvoir sans se porter ombrage. Si la politique rationnelle appelle la Russie vers l'Orient, et la France vers le Rhin ; ces progrès accomplis, les Russes ne peuvent se développer au dehors que dans le sens du plateau central de l'Asie; quant à nous, nous ne pouvons songer à nous étendre que sur la côte d'Afrique. La Russie et la France trouveront bien quelque jour l'Angleterre en travers de leur chemin, mais les lignes française et russe sont trop divergentes pour se rencontrer. Ces deux peuples étaient donc dans les meilleures conditions pour contracter une alliance.

Mais, dira-t-on, bien loin de contracter une alliance, ils se sont fait la guerre, et vraiment l'expédition de Crimée est par trop récente pour que l'on parle d'une si touchante confraternité.

Voilà l'objection posée, essayons de la résoudre.

Si la France déclara la guerre à la Russie en 1854, c'est que nécessairement il n'y avait pas eu d'accord préalable sur les concessions par lesquelles on eût pu récompenser l'inaction de la France. Et si la Russie en échange de Constantinople n'eût pas consenti à nous laisser rentrer en possession des frontières du Rhin, il eût été fort maladroit de notre part de tolérer une semblable extension de territoire sans compensation. Laisser l'Empire ottoman tomber aux mains de la Russie, c'était troubler l'équilibre continental par une importance exagérée attribuée à une seule puissance, tandis que la France, réduite à ses limites de vaincue, se voyait ouverte à l'ennemi de tous côtés.

Mais si la France crut de son devoir de s'opposer sans aucun profit aux empiétements de la Russie, elle s'acquitta de son rôle avec une grandeur chevaleresque que les sujets du czar n'ont point oublié.

Les échanges de mutuelle courtoisie entre les armées russe et française devant Sébastopol ont témoigné des liens sympathiques, des points de contact intimes qui existent entre les deux peuples. Car, qui croira que ces généreuses amitiés contractées au milieu des périls, ne fussent dues qu'à des rencontres imprévues ou à des penchants personnels. Il nous semble vraiment plus naturel d'admettre que ces attractions réciproques n'étaient pas seulement la révélation de secrètes affinités entre des individus isolés, mais qu'elles étaient l'expression spontanée d'un instinct secret de fraternité dans les destinées que l'avenir réserve aux deux nations.

Pendant la guerre de Crimée, la France et la Russie étaient dans la situation de deux adversaires qui se rendent sur le terrain pour une affaire d'honneur : sans haine l'un contre l'autre, ils attendent l'issue du combat, avec confiance, mais pleins d'une respectueuse déférence pour le courage de leur ennemi. A la première blessure, bien vite ils s'empressent de jeter loin d'eux les épées, et, se donnant la main avec effusion, ils se jurent une loyale amitié sur le lieu même du combat.

La langue française, parlée dans les deux camps par les officiers, le souvenir de Voltaire et de Catherine préparaient l'issue que nous venons d'indiquer. Du reste, il ne faut pas croire que tout se borna, comme à Fontenoy, à des démonstrations courtoises, de plus sérieux motifs que ceux-là nous valurent la reconnaissance de la Russie. L'on doit se souvenir qu'en effet la France ne se prêta pas aux projets de l'Angleterre dans la mer Baltique. Nous ignorons si une tentative sur Cronstadt eût réussi, en tout cas, elle n'eut pas lieu, grâce, croyons-nous, à l'intervention de la France. Et, en agissant ainsi, on atteignait un double résultat. Non-seulement on ménageait avec discrétion l'amour-propre d'un grand empire, mais encore on faisait acte de bonne politique en ne permettant pas à l'Angleterre d'établir à tout jamais sa domination sur les mers, en rompant l'équilibre des forces navales européennes par la destruction de la flotte russe.

La guerre terminée, la France et la Russie avaient une fois de plus appris à s'estimer. L'empereur Nicolas était mort. La paix se conclut des deux côtés sans rancune, et si l'empereur Alexandre, comme cela est probable, a songé à continuer la politique séculaire de sa maison vis-à-vis de la Turquie, en présence de la grande attitude de la France en Europe, des ouvertures ont dû nous être faites. Nous savons, d'après des renseignements communiqués au Parlement d'Angleterre, qu'un traité secret existe entre la France et la Russie. Nous laissons à un avenir que les événements de Syrie vont éclairer de leur lumière, le soin de prouver si nous avons deviné la vérité.

V.

Dans l'état actuel d'équilibre de notre continent, il est très-difficile et pour ainsi dire impossible à une nation, de vivre et de marcher isolément. Mais s'il s'agit d'accomplir une grande entreprise et de faire passer ses résultats dans le droit public européen, le concours d'autrui devient une absolue nécessité.

Certes, la France et la Russie seraient en état de lutter contre le reste de l'Europe, mais leur triomphe définitif pourrait rester indécis. Or, le but de ces deux puissances n'est certainement pas d'ébranler le monde du bruit des armes sans être assurées de réussir. Leur idéal (si ce mot peut être employé ici dans son acception) doit être d'imposer leurs volontés sans avoir recours à des guerres longues et fécondes en ruines. Elles ne peuvent atteindre ce résultat qu'en contractant en commun une alliance qui les rende tellement redoutables, que toute résistance à leurs projets (à notre avis légitimes) soit paralysée.

Quand les hostilités éclatèrent en Italie entre la France et le Piémont d'une part et l'Autriche de l'autre, il n'y avait de bien dessinée pour nous que l'alliance russe. On eût dit qu'aucune puissance ne voulait contribuer à fortifier deux alliés dont on se défiait dans un avenir prochain.

En tout cas, les clameurs qui s'élevèrent en Angleterre quand il fut question du traité secret existant entre la France et la Russie, nous prouvent que de l'autre côté de la Manche il n'y avait aucun concours à espérer.

Deux grandes puissances restaient en Europe : la Prusse et

l'Autriche. Mais la première avait des engagements antérieurs avec l'Angleterre et nous étions en guerre avec la seconde.

Tout à coup Villafranca vint à l'improviste surprendre les cabinets du continent. La même dépêche qui proclamait la paix annonçait en même temps qu'une longue entrevue avait eu lieu entre les deux souverains qui décidaient du sort de l'Italie. Beaucoup crurent qu'en dehors des motifs hautement avoués par l'Empereur Napoléon III, des raisons secrètes l'avaient décidé à ne pas davantage affaiblir l'Autriche. Après Solferino, s'arrêter tout à coup, laisser inaccompli le programme projeté, témoignait d'une rare possession de soi-même. On applaudit Villafranca comme n'étant que le fait d'une grande sagesse, c'était peut-être un acte de politique transcendante.

Jamais, depuis la paix d'Amiens, la position de la France n'avait été si belle. L'Europe entière était divisée, toutes les vieilles alliances étaient anéanties.

La Russie, étroitement unie à nous, restait hostile à l'Autriche depuis la guerre de Crimée, et évitait avec soin toutes les avances de cette puissance qui avait oublié un instant qu'elle n'avait dû son existence, en 1849, qu'à l'épée du czar.

La Prusse, cette ennemie naturelle du cabinet de Vienne, voyait avec un secret plaisir sa rivale dans la Confédération privée d'une de ses plus belles provinces, et regardait de nouveau passer dans ses rêves cet Empire Germanique dont la couronne lui avait été offerte par la diète en 1848 et 49.

L'Angleterre toujours ombrageuse, mais peu belliqueuse, entendait ses orateurs les plus accrédités l'éloigner de toute intervention en Europe : elle avait d'ailleurs assez de préoccupation par rapport aux Indes, cet immense débouché de son commerce.

Nos alliés, nous pouvions les choisir.

Un instant notre choix parut fait, et l'on fut en droit de présumer que la paix de Villafranca amènerait entre la France et l'Autriche un rapprochement qui serait l'appoint de l'alliance russe. Nous pouvions tenter de réconcilier Vienne et Saint-Pétersbourg et constituer peut-être ainsi une union nécessaire à la réussite de nos projets.

VI

Mais pendant et surtout immédiatement après la guerre d'Italie, la situation politique de l'Europe s'était singulièrement modifiée. L'hostilité qui couvait depuis de longues années entre la Prusse et l'Autriche venait enfin d'éclater. L'Autriche demandait à la Diète que la Confédération lui garantît ses possessions non allemandes. La Prusse était lasse d'obéir à la politique d'un gouvernement qui s'était, de faute en faute, aliéné en Allemagne les meilleurs esprits. Elle ne voulait plus donner à une rivale aux abois des armes qu'on pourrait un jour tourner contre elle. Le cabinet de Berlin sentit donc que le moment était venu de caractériser son attitude.

En conséquence, il entra résolûment dans la voie du progrès libéral, et se posa ainsi comme une antithèse du cabinet de Vienne. De cette façon les populations allemandes furent conciliées à la Prusse : il est vrai que les petits Etats qui craignent que des réformes n'attentent à leur existence, commencèrent à faire à la Prusse une opposition énergique au sein de la Diète, mais la Prusse ne s'inquiéta pas pour si peu. Elle se disait justement que dans un moment critique les princes seraient obligés d'avoir à compter avec un mouvement d'opinion trop considérable pour qu'ils ne fussent pas entraînés malgré eux dans le courant de la politique prussienne, comme cela arriva en Allemagne, malheureusement contre nous en 1813 et en 1814.

Des explications échangées entre Vienne et Berlin ne contribuèrent qu'à envenimer davantage leurs rapports.

L'Autriche, n'osant pas franchement entrer dans la voie des réformes, jalousait l'influence prussienne qui grandissait chaque jour. Les choses en étaient venues à ce point que ces deux puissances paraissaient désormais irréconciliables.

La France, forte de son alliance avec la Russie, n'avait donc qu'à opter entre la Prusse et l'Autriche, sûre que ces deux puissances, malgré les efforts de cette dernière, ne se ligueraient pas de si tôt contre elle.

De deux choses l'une :

Ou l'Autriche devait nous tendre les bras en reconnaissance

de la paix de Villafranca et nous aider à affaiblir sa redoutable rivale;

Ou l'Autriche repoussait les offres de la France et alors celle-ci proposait à la Prusse une alliance contre son impériale voisine.

Impossible d'échapper à cet implacable dilemme.

La France abusa-t-elle de cette situation pour marchander son alliance? Non, sans doute. L'histoire ne pourra pas l'accuser de mauvaise foi envers l'Autriche, car après la paix de Villafranca celle-ci avait en main sa fortune, et il ne tenait qu'à elle de la consolider en cimentant avec nous une loyale alliance.

Que s'est il passé? L'Autriche a-t-elle craint de se compromettre en se mettant de moitié dans la politique de la France? Nous l'ignorons. Ce que nous croyons voir, et ce que l'avenir rendra de toute évidence, c'est que les chances d'une alliance avec l'Autriche sont reléguées dans le domaine des improbabilités, et nous nous proposons de prouver que l'on ne doit pas regretter que les événements n'aient pas dirigé notre politique dans cette direction.

VII.

Les élans de l'Autriche vers l'unité n'ont jusqu'à présent pas été heureux, et l'on ne doit pas s'en étonner. Par quel coup de baguette magique former un seul peuple de ces nationalités si distinctes et souvent si antipathiques, sur lesquelles la maison de Lorraine étend son sceptre impérial?

La monarchie autrichienne ne renferme pas moins de treize États. D'abord l'archiduché d'Autriche d'où s'élança Rodolphe de Hapsbourg pour prendre possession de l'Empire d'Allemagne qui devait devenir héréditaire dans sa famille. Puis la Styrie, l'Illyrie, le Tyrol et le Voralberg, la Bohême, la Moravie et la Silésie, la Gallicie, la Hongrie, la Croatie, l'Esclavonie, la Transylvanie, la Dalmatie et la Vénétie. Cette longue énumération de provinces comprend 6 millions d'Allemands, 5 millions de Hongrois, 14 millions de Slaves, 2 millions d'Italiens : enfin des Grecs, des Valaques, des Juifs, etc. Le total général de ces races si diverses s'élève à 30 millions d'hommes.

Comment une seule puissance a-t-elle pu parvenir à grouper sous ses lois tant d'éléments hétérogènes, c'est le secret de la politique de cette maison d'Autriche contre laquelle luttèrent si énergiquement Richelieu et Louis XIV. Cette politique se caractérise surtout par une constance séculaire à revendiquer des possessions qui souvent n'ont fait que passer un instant entre ses mains. A force d'argumenter de ses droits sur tels ou tels peuples elle finissait par se créer en quelque sorte des titres de propriété qu'à la faveur d'un bouleversement général elle faisait habilement valoir.

Chacun sait que depuis la dernière guerre l'Autriche a reconnu avoir perdu la Lombardie. Voici cependant ce qu'on lisait il y a quelques jours dans la *Gazette officielle de Venise* :

« On se servira à l'avenir, pour le territoire soumis à l'administration du gouvernement établi à Venise, de l'expression de royaume Lombard-Vénitien, et toutes les administrations spéciales de ce territoire, ainsi que toutes les autorités du pays seront qualifiées d'Impériales-Royales-Lombardo-Vénitiennes. »

C'est bien la même politique dont le sieur de Bonnair disait il y a quelques siècles : « Ils ont toujours fait croître leurs espérances à proportion de leurs pertes, jamais ils n'ont pu se résoudre à faire l'abandon définitif de ce qu'ils n'avaient plus pour sauver le reste qu'ils pouvaient encore perdre. »

Ce système pouvait les mener à une ruine complète, il les a conduits à une des plus hautes fortunes de l'Europe. Abaissée sous le premier Empire avec des ménagements et des scrupules de délicatesse que Napoléon dut bien regretter plus tard, 1815 rendit à l'Autriche toutes ses anciennes possessions ou leur splendide équivalent.

L'Autriche avait la soif d'acquérir ; elle y a réussi ; malgré les fréquents revers de ses armes, elle a su se faire donner une part de vainqueur. Mais à l'heure qu'il est l'avenir qui si longtemps lui a appartenu, lui promet-il encore de brillantes destinées ? Nous en doutons singulièrement, ou plutôt nous ne doutons plus.

Les événements de 1848 ont révélé la faiblesse de ce colosse aux pieds d'argile.

Un moment comprimées, des nations auxquelles il n'a manqué que de l'entente pour réussir attendent en silence une occasion propice pour prendre leur revanche.

Si la paix de Villafranca n'avait pas suspendu les événements, l'Autriche eût été en proie, de la part de la Hongrie et de la Croatie, à des tiraillements terribles.

Il ne suffit pas de s'agrandir, il faut savoir conserver. Or, depuis cinquante ans les germes de dissolution de cette agglomération factice n'ont fait que prendre du développement.

A ces considérations générales s'en joignent deux autres :

La première concerne ces hostilités dont le gouvernement autrichien fait preuve vis-à-vis du parti libéral. Ces hostilités, qui se manifestent par de furtives concessions aussitôt reprises qu'accordées, ont créé même en Autriche ce que l'on appelle le parti unitaire allemand sur lequel nous reviendrons tout à l'heure.

Mais ce qui a miné sans remède le gouvernement autrichien, c'est son système de finances.

Durant les guerres de l'Empire, le cabinet de Vienne, pour faire face aux nécessités du temps, avait poussé jusqu'aux dernières limites l'abus du papier-monnaie. En 1811, la circulation de ce papier s'élevait à la somme énorme de deux milliards 758 millions. Pour éviter un remboursement impossible, un décret impérial réduisit la valeur du papier des 4/5es. L'autre cinquième ne fut pas rendu en argent, mais encore en papier-monnaie. Ce papier fut à son tour échangé contre des bank-notes de la Banque de Vienne, qui, créée pour ainsi dire *ad hoc*, avait pour principal objet de mettre ses presses de billets de banque à la disposition du gouvernement.

De cette façon l'Etat compromettait la Banque et réciproquement. La Banque était l'intermédiaire du crédit du gouvernement autrichien : aussi plus d'une fois l'encaisse de la Banque, pour une circulation de 250 millions de papier, n'avait pas 24 millions en numéraire. En un mot, elle n'eût pu faire honneur au dixième seulement de ses billets.

En 1848, ce qui était depuis longtemps à craindre arriva. Le mystère qui jusqu'alors avait environné les opérations de la Banque, l'avait protégée contre les grosses demandes de remboursement. Mais la peur est pleine de défiance ; une panique fit affluer à la Banque de Vienne des masses de bank-notes qui réclamaient l'argent en échange. Le principal débiteur de la Banque était l'Etat. Or, le trésor impérial, en ce moment critique, on le comprend, n'avait que des ressources bien insuffisantes ; il se tira d'affaire en donnant cours forcé à ses billets.

Comme le dit fort spirituellement M. Horn, à l'excellent ouvrage duquel nous empruntons tous les chiffres des finances autrichiennes, le gouvernement semblait tenir à la Banque ce langage : « Puisque moi, gouvernement, je ne peux pas payer ce que je te dois, je te dispense pour ta part de payer au public ce que tu lui dois ; notre compte ainsi se trouve provisoirement réglé aux dépens de tes créanciers. » L'arrangement était expéditif, mais il ne se distinguait pas par la loyauté.

Depuis 1848 cette situation déplorable n'a fait encore qu'empirer. L'impôt foncier a été augmenté de 90 0/0.

L'impôt des maisons, de 136 0/0 ;

L'impôt industriel, de 100 0/0 ;

L'impôt du revenu nouvellement créé rapporte 23 millions.

Il a été contracté un emprunt de 1250 millions, qui a été illégalement porté à 1750 millions.

En outre un emprunt de 75 millions a été levé sur la Vénétie.

Eh bien ! malgré ces ressources extraordinaires et malgré la merveilleuse promptitude de la paix de Villafranca, le déficit de 1859 sera de plus de 700 millions.

La dette publique en 1857 se montait à plus de 6 milliards, et son service absorbait le tiers des revenus publics (240 millions). A quelle somme énorme ne doit-elle pas atteindre maintenant ? — Aussi le paiement des intérêts des métalliques a-t-il été suspendu par ordonnance impériale « tant que dureront les circonstances extraordinaires amenées par les événements de la guerre d'Italie. »

Quant à la Banque, loin de reprendre ses paiements en numéraire, créancière de l'État pour la somme colossale de 350 millions, elle exploite, vaille que vaille, la planche aux assignats qui perdent de 40 à 50 0/0.

Mais le gouvernement autrichien ne paraît pas découragé. Oublieux de l'échec éclatant subi à Londres l'an dernier par le chevalier Brentano, il cherche encore à découvrir le moyen de contracter un nouvel emprunt.

Résumons. Des réformes sagement dirigées pourraient sauver l'Autriche de ses ennemis intérieurs Hongrois ou Libéraux, mais la banqueroute, tel est sous le rapport financier le seul expédient qui lui reste. Or la banqueroute n'est pas un expédient, c'est l'absence même de tout expédient.

VIII.

Les changements de frontières dont se préoccupe l'opinion publique en France et en Russie ne sont pas plus un mystère pour l'étranger que le pitoyable État des finances autrichiennes. Malgré les luttes et les résistances, la diplomatie prévoit que dans un délai plus ou moins prochain se préparent l'agrandissement de l'empire des Czars, une réaction à notre profit contre les traités de 1815, et en Autriche un épouvantable cataclysme. Tous ces événements la politique pourra les diriger, mais ne saura les empêcher.

Si ce n'est qu'une question de temps, pourquoi ne pas hâter l'échéance à l'occasion des événements de Syrie ? En Europe tout le monde a intérêt à ce que les nations soient organisées le plus promptement possible suivant le plan qui paraît être définitif. Mais, on le comprend, la France et la Russie bénéficiant de la nouvelle répartition de territoires, l'initiative pour provoquer ce remaniement devra venir d'elles. Or, nous l'avons déjà dit, dans le but de résoudre la question radicalement et sans troubler la paix générale, elles doivent tenter de se fortifier du concours d'autrui.

Si l'Autriche voulait nous prêter son appui, si restreint qu'il soit par ses embarras intérieurs, on ne peut se refuser à admettre que l'alliance franco-austro-russe aurait assez d'influence en Europe pour imposer ses conditions. Certes, il faudrait peut-être recourir à une guerre longue et ruineuse, mais il est à présumer sans fanfaronnades que nous en sortirions vainqueurs malgré la Prusse et l'Angleterre.

Il est vrai que l'Autriche nous ferait payer cher son alliance. Il faudrait consentir à reconnaître la domination de la maison de Lorraine en Italie, défaire ce que notre glorieuse expédition y a inauguré, lutter en Allemagne contre les tendances au progrès représentées par la Prusse, et définitivement récompenser l'Autriche en étendant son pouvoir outre mesure au sein de la Confédération germanique. La France et la Russie devraient fermer l'oreille aux récriminations des peuples et passer outre comme cela a été fort longtemps en usage.

Deux objections majeures se présentent donc à l'esprit contre l'alliance autrichienne considérée comme l'appoint de l'alliance russe.

1° Les finances de l'État, ce nerf de la guerre comme disait le maréchal de Saxe, étant en souffrance, le concours de l'Autriche court risque de devenir insuffisant.

2° Les divisions existant entre les peuples composant cette monarchie ne nous permettent pas sans contradiction de nous appuyer sur une puissance essentiellement compressive du principe de nationalité que la France depuis soixante-dix ans n'a jamais cessé de défendre. Ce serait donner un éclatant démenti à toute notre politique contemporaine.

En outre l'alliance autrichienne serait-elle acceptée par la Russie? Il est permis d'en douter. La Russie garde rancune à cette politique peu scrupuleuse de l'Autriche, qui oublieuse des importants services rendus en 1848, n'a pas rougi d'abandonner à ses propres forces son ancienne protectrice au grand étonnement des cabinets de l'Europe. Les nations ont leur pudeur comme les individus, l'Autriche en a manqué en 1854. Du reste elle en a été sévèrement punie. Son inaction pendant la guerre de Crimée lui coûta 200 millions, et elle a perdu la seule alliance qui eût pu la sauver de sa destinée.

Cependant la Russie, malgré ses répugnances, tentée par l'appât de Constantinople, eût pu peut-être consentir à resserrer les nœuds d'une intimité que l'ingratitude avait rompue; mais, Dieu merci! cette combinaison, en admettant qu'elle ait eu un instant des chances, n'est plus à l'ordre du jour. L'isolement complet dans lequel est restée l'Autriche, lors de l'entrevue de Wiesbade, puisqu'elle est la seule puissance d'Allemagne qui n'y fut pas représentée, prouve combien la France la laisse à l'écart, méditant à l'heure qu'il est sur les tristes résultats de sa politique. L'issue de l'entrevue de Tœplitz, loin de nous donner un démenti, prouvera une fois de plus, nous n'en doutons pas, l'inutilité complète des efforts de l'Autriche pour se créer en Allemagne un appui qui doit fatalement lui échapper.

IX.

Nous n'avons pas oublié notre dilemme : l'Autriche était l'un des termes, la Prusse l'autre.

Que la Russie ne se fût prêtée que de mauvaise grâce à voir l'Autriche entrer en commun dans notre alliance, cela n'a pas lieu d'étonner; la plus grande satisfaction de la Russie serait de rattacher la Prusse à la politique de l'alliance.

Ici notre entreprise devient délicate. L'alliance de la France et de la Prusse semble heurter d'abord le simple bon sens en politique. Examinons cependant avec calme et impartialité s'il est déraisonnable de prédire ce résultat, malgré les quelques faits contemporains qui semblent nous contredire. L'honneur sauf, l'intérêt est un bien puissant mobile. Si nous prouvons que celui de la Prusse et de la France est satisfait par l'alliance, nous aurons, ce nous semble, fait faire un grand pas à cette conciliation que nous appelons de tous nos vœux.

Loin d'avoir des motifs d'hostilité contre la Prusse, la Russie n'a que de la sympathie pour elle. De nombreux liens de famille entre les deux couronnes ont en quelque sorte associé leur fortune.

Ainsi du côté de la Russie, pas la moindre opposition, mais la bienveillance la plus marquée.

Maintenant, pour ce qui nous concerne, l'alliance prussienne a des conséquences infiniment plus avantageuses que l'alliance autrichienne.

En effet, si en temps normal, en 1858, les capitaux ne se donnaient à l'Autriche qu'à 5, 54 %, la Prusse trouvait à emprunter à 4, 10 %, c'est-à-dire à meilleur marché que la France. La situation financière est donc excellente.

Quant à son armée, par les gens spéciaux de toutes les époques, elle a été reconnue supérieure à celle de l'Autriche, sinon comme nombre, au moins comme qualité militaire. Si l'Autriche peut en temps de guerre mettre sur pied 700 mille hommes, la Prusse peut en armer 600 mille.

Sous le rapport moral, notre alliance avec la Prusse serait en Allemagne d'un effet aussi efficace que notre alliance avec l'Autriche y serait d'un effet désastreux.

Presque toute la partie intelligente de l'Allemagne appuie l'hégémonie prussienne qui représente les idées libérales.

Avec cette alliance, notre politique en Italie n'a plus de concession à faire à l'Autriche.

Enfin, et ceci est capital, l'union de la Russie, de la Prusse et de la France forme un faisceau tellement puissant, que toute détermination prise par elle serait exécutée en Europe sans opposition armée, c'est-à-dire sans coup férir.

Cela n'a pas lieu de nous surprendre : deux puissances seulement auraient intérêt à empêcher l'exécution des vues que nous avons développées, l'Autriche et l'Angleterre.

Or, la bonne politique n'est pas celle qui, *per fas aut nefas*, arrive quand même à son but. Ceci est le procédé brutal. C'est le raisonnement du boulet de canon. La bonne politique est celle qui, profitant des circonstances, aide, favorise, en diminuant les secousses, les évolutions qu'amène l'expérience du passé dans les rapports des empires entre eux, et qui fait tout cela, nous ne disons pas sans efforts, mais sans moyens violents.

Arriver au Rhin sans que la paix cesse de régner en Europe, serait certes pour la France le plus beau triomphe, eh bien! nous sommes persuadé que l'alliance russe et prussienne, bien comprise, doit nous donner ce résultat, malgré les faibles résistances de l'Autriche. En effet, ne l'avons-nous pas montrée en proie à une dissolution prochaine? Les peuples soumis à son sceptre attendent l'occasion d'y échapper. Quels sont donc les moyens de l'Autriche pour faire face aux pressants dangers qui l'environnent? Elle a certes une bonne armée pour laquelle elle dépense bien au delà de ses ressources; maïs le soldat mal nourri, mal payé, fait un médiocre combattant, et la banqueroute est à la porte du palais des Césars.

X.

Mais, pour attacher le cabinet de Berlin à notre politique, il faudrait le soustraire à l'influence de l'Angleterre. Comment pourrions-nous y parvenir?

En nous arrangeant de façon à ce que la Prusse cesse d'être notre voisine sur le Rhin et en lui promettant d'appuyer ses prétentions légitimes à la prépondérance en Allemagne. En échange des provinces du Rhin, la Prusse et la Bavière ne pourraient-elles pas prendre leurs compensations en Autriche?

Abaisser l'Autriche, c'est grandir la Prusse. Or, la diminution de territoire que subirait l'Autriche diminuerait le nombre de voix dont celle-ci dispose à la Diète dans les séances générales et l'effectif de soldats qu'elle doit à la Confédération. Son contingent est de quatre-vingt-quatorze mille hommes. Le contingent fédéral de la Prusse est de quatre-vingt mille. On voit qu'il ne serait pas bien difficile de faire de cette puissance, en humiliant sa rivale, la clef de voûte de l'Allemagne. L'alliance anglaise ne peut garantir à la Prusse que le *statu quo*, l'alliance française lui ouvre des horizons sans limites.

Loin de nous, cependant, l'idée de simplifier outre mesure la Confédération et de contribuer à ne laisser debout en Allemagne que la Prusse.

Qu'au milieu du dix-septième siècle on eût supprimé les neuf dixièmes des trois cents principautés dont se composait alors la Diète, l'Allemagne n'eût pu qu'y gagner. Mais actuellement, le chiffre de trois cents est bien réduit, il n'y a plus que quarante Etats souverains représentés à la Diète. La Confédération telle qu'elle existe, porte encore l'empreinte puissante de la main de Napoléon, qui fut le bienfaiteur de l'Allemagne, en sécularisant les provinces ecclésiastiques. Mais s'il laissa subsister tous les États qui avaient leur raison d'être, pourquoi toucher à son œuvre.

La France n'a aucun intérêt à détruire ce qu'a reconstitué le plus grand organisateur des temps modernes, mais elle n'a pas davantage la pensée de faire revivre le protectorat de la Confédération du Rhin.

La France, croyons-nous, n'a pas besoin de réclamer d'influence officielle au delà de ses limites naturelles. Qu'on lui accorde ce qu'elle demande, et pour longtemps en Europe, elle n'aura plus à s'occuper que de politique intérieure; le reste lui sera donné par surcroît.

Les droits des souverains allemands sont donc tous respectés, et l'Autriche elle-même peut être jusqu'à un certain point ménagée. Parmi les provinces danubiennes, il en est qui, par leur position géographique, sont réellement destinées à devenir l'héritage de l'Autriche : ce sont la Bosnie et la Servie. Au point de vue de la nationalité, la Russie, comme Slave, pourrait avoir quelque droit à leur revendication, mais les nombreux rapports de ces deux provinces, depuis quelques siècles, avec l'Autriche, ont modifié les tendances originelles, et l'annexion de la Bosnie et de la Servie satisferait dans ces contrées un parti très-puissant. L'Autriche ne serait donc pas frappée à mort, elle ne serait que réduite.

En substituant notre alliance à celle de l'Angleterre, la Prusse devient la première puissance du centre de l'Europe. Non-seulement elle comprend ses intérêts, mais loin d'abandonner ses confédérés allemands, par sa nouvelle politique, elle les protége. En effet, si la Prusse refuse notre alliance, l'Autriche finira bien un jour par y donner les mains, et si la France était victorieuse, l'Allemagne ne pourrait se soustraire à la hautaine domination de la maison de Lorraine dont le parti allemand redoute si justement les tendances absolutistes.

Maintenant la Russie, qui doit désirer être au plus tôt en mesure de régler la question d'Orient, ne fera-t-elle pas entendre ses conseils à la Prusse? On parle en ce moment d'une prochaine entrevue du Czar et du prince Régent : et cela est logique, la Russie doit faire tous ses efforts afin que la Prusse ne lui crée pas d'embarras à l'instant décisif par une mauvaise volonté fort intempestive vis-à-vis de la France.

Tout l'avenir de la Prusse est en jeu dans la décision qu'elle prendra : les compensations qu'on lui offre en Autriche sont tentantes. L'Empire d'Allemagne est vacant. Pourquoi douter que ses résolutions ne soient pas conformes à ses intérêts et aux nôtres.

XI.

L'alliance entre la Russie, la Prusse et la France, conclue loyalement, comme nous sommes en droit d'espérer qu'elle le sera, les conséquences en découlent tout naturellement.

Récemment M. de Cavour définissait à la tribune piémontaise une alliance comme un échange de bons offices et de sacrifices mutuels, au besoin. Nous trouverons bientôt l'occasion d'appliquer cette maxime.

Au commencement de ce travail, nous avons démontré ce que dix-huit cents ans avant nous Strabon avait déjà établi comme incontestable, à savoir que le cours du Rhin était la véritable frontière du Nord de la France. Or, la Prusse est une des parties les plus lésées par cette extension de territoire. On a voulu faire d'elle un ennemi perpétuel de la France, en offrant les belles provinces rhénanes à notre convoitise. Au congrès de Vienne,— soyez, avaient dit à la Prusse les souverains, soyez le dragon gardant le jardin des Hespérides.

Pendant quarante-cinq ans, la Prusse a accompli sa mission en conscience : sentinelle vigilante, à la première alerte elle jetait le cri d'alarme.

Que cette cause d'hostilité disparaisse, que la rive gauche du Rhin redevienne française; nous l'avons dit, en échange de ses bons offices, la Prusse prendrait, en Autriche, ses compensations; que cette puissance soit punie de sa mauvaise foi et de sa maladresse. Son état intérieur est susceptible de jeter encore le trouble en Europe. Que tout s'organise pour une paix durable, que les vœux des populations soient consultés, qu'il n'y ait pas d'annexion violente.

La Russie à Constantinople, la France au Rhin, l'Autriche amoindrie, la prépondérance en Allemagne échoit sans contestation à la Prusse, qui reçoit la récompense de sa politique. Cette prépondérance si facilement conquise n'est-elle pas le souhait le plus cher, le résultat le plus conforme aux sentiments de l'immense majorité des Allemands? La Prusse libérale n'est-elle pas considérée comme le drapeau de la Confédération ?

L'Italie une fois apaisée, les questions d'Orient et du Rhin réglées, la prépondérance en Allemagne d'une seule puissance assurée, où sont donc en Europe les causes de trouble et de révolution ?

XII.

L'Angleterre oserait-elle donc à elle seule lutter contre la Russie, la Prusse et la France. Nous ne l'admettons pas.

Si cela arrivait, si la Grande-Bretagne commettait cette imprudence elle pourrait recevoir une rude leçon. Gibraltar, Malte, les îles Ioniennes nous répondent de sa tranquillité; c'est là le défaut de sa cuirasse.

Mais non, elle s'agitera stérilement sur son île et sera contrainte de laisser le continent européen se modifier sans qu'elle ait autre chose à faire qu'à donner son avis, grâce aux cinq ou six mille hommes qu'elle enverra en Syrie.

Si encore la Prusse était son alliée elle pourrait tenter la résistance, mais sans la Prusse, l'Angleterre, réduite à l'isolement, ne peut faire sentir son action en Europe.

« Que vouliez-vous qu'il fît contre trois? »

Quant à la Confédération germanique que pourrait-elle reprocher à l'agrandissement de la France du côté des provinces rhénanes? Certes, elle pourrait regretter de se séparer de quelques populations sympathiques : le Piémont a, lui aussi, regretté la Savoie. Mais si les puissances intéressées, Bavière, Prusse, Hollande, consentent à abandonner leurs possessions, la Confédération germanique peut-elle faire autre chose que de manifester sa tristesse tout en se soumettant à une dure nécessité?

Et d'ailleurs ne retrouvera-t-elle pas dans une hégémonie puissante, dans une direction sûre et libérale, et dans un avenir sans nuages, des compensations plus que suffisantes en échange de territoires qui étaient plutôt pour elle un motif de faiblesse que de force, puisqu'elle ne les possédait pour ainsi dire qu'à titre précaire, et qu'ils pouvaient être à chaque instant l'occasion d'une conflagration entre l'Allemagne et la France?

Si la Russie, la Prusse et la France sont d'accord, et si ni la Confédération germanique, ni l'Autriche, ni l'Angleterre ne s'opposent en fait à ce remaniement de frontières, qui oserait nier que l'on aurait ainsi assuré à l'avenir cette longue ère de paix après laquelle soupirent tous les jours la civilisation et l'industrie.

XIII.

Dans la combinaison politique que nous avons formée, nous nous sommes bien gardé de violenter la conscience des peuples. Pour avoir manqué à ce principe éternel, les traités antérieurs ont presque toujours contenu les germes de crises que désormais, dans un intérêt commun, la civilisation doit s'appliquer à prévenir pour le plus longtemps possible.

C'est pour obéir à ce sentiment que nous n'avons pas poussé à l'extrême les tendances à l'unité. Quand il n'y a pas eu urgence, nous avons cru devoir respecter l'œuvre des siècles. En Allemagne, par exemple, il nous eût été plus facile d'adopter un programme d'unité radicale; il nous a paru plus juste de laisser vivre côte à côte, sans disposer de leur sort, des populations qui quoique sœurs sont satisfaites de leurs gouvernements séparés.

Cependant l'Europe se trouve simplifiée. Trois grandes monarchies, qu'on pourrait appeler l'Empire d'Orient, l'Empire du Milieu et l'Empire d'Occident se trouvent constitués. Chacun de ces grands corps a suffisamment de quoi s'occuper chez lui sans chercher querelle à un voisin dont la langue, les mœurs, les lois diffèrent.

La tranquillité s'établit pour une longue période sous la double protection de la politique et de la science, qui cette fois se trouvent d'accord.

En effet, en cherchant, sans idée préconçue, à rattacher en Europe les bases d'une paix durable à la satisfaction des intérêts de trois Etats puissants, nous sommes parvenu en quelque sorte sans le vouloir, à rétablir les lignes de démarcation que les lois ethnographiques avaient tracées entre chaque peuple. En effet, les Latins, les Allemands, les Slaves sont les trois éléments qui composent les races les plus caractérisées de notre continent. Or chacune de ces races gravite autour d'un centre d'attraction : la France, la Prusse, la Russie.

Que si, maintenant, quelque rêveur vient, les yeux fixés sur l'avenir, nous annoncer que ces dernières barrières de races et de nationalités tomberont entre les peuples comme sont déjà tombées les barrières de douanes ; s'il vient pompeusement nous entretenir de la langue universelle et de son avénement prochain sur notre globe, nous le laisserons dire en souriant d'un sourire sceptique. Et cependant nous nous mettrons d'avance en règle avec cette époque idéale, en faisant remarquer que si l'alliance Franco-Russe et Prussienne se réalisait, nous aurions eu le faible mérite de la préconiser, peut-être même de la prédire, et d'avoir contribué à faire désirer par quelques-uns ce futur rapprochement des peuples.

XIV.

Quand une idée est bonne elle fait son chemin. Si l'alliance Franco-Russe et Prussienne rencontre d'abord des défiances ou des résistances, comme elle est dans la force des choses, elle finira par se réaliser.

Si le propre de la vérité est de déposer son germe, même chez ceux à qui elle est hostile, à plus forte raison doit-elle bientôt convaincre ceux dont elle sert les intérêts.

Un rapprochement entre les cabinets de Vienne et de Berlin pourrait seul retarder l'accomplissement des événements qui donneraient à la Russie Constantinople, à la France la rive gauche du Rhin, à la Prusse la prépondérance en Allemagne.

Ce rapprochement si difficile à opérer entre deux puissances représentant des idées politiques opposées, aura-t-il lieu ?

L'Autriche seule pourrait y gagner, et nous doutons que la Prusse consente à remettre en selle son rival désarçonné.

Que nous sommes-nous proposé ?

1° Donner satisfaction à des besoins d'expansion légitime;

2° Arriver à ce résultat sans troubler la paix de l'Europe.

Nous croyons le problème résolu par l'alliance franco-russe et son corollaire l'alliance prussienne.

Nous avons voulu :

Supprimer en Europe les causes qui y entretiennent un état qui n'est pas la guerre, mais qui coûte presque aussi cher ;

Rendre les esprits au repos nécessaire pour accomplir les améliorations intérieures;

Lancer enfin la civilisation et l'industrie internationales dans les voies de l'avenir sans qu'elles aient besoin de veiller d'un œil vigilant sur un avenir toujours indécis.

Les traités de 1815, pendant quarante-cinq ans, ont, à peu de chose près, établi la régularité en Europe; mais ce n'était qu'une régularité apparente, parce que ces traités ne reposaient que sur la parole des souverains, et cependant ils ont duré quarante-cinq ans.

Nous voudrions qu'on fondât une régularité véritable. A l'autorité de la parole des souverains qu'on ajoutât le consentement des peuples, consentement reposant sur des bases rationnelles. Nous gagerions volontiers que ces traités dureraient plus de quarante-cinq ans.

Maintenant, que la Prusse hésite à rompre avec des précédents politiques datant de près d'un demi-siècle : cela se conçoit ; mais son intérêt l'amènera tôt ou tard à notre alliance. La Russie, sûre que l'héritage du Sultan ne saurait lui échapper, attend impatiemment l'heure où l'état de l'Europe lui permettra sans danger de marcher sur Constantinople. Quant à la France, dans le calme de sa puissance, elle ne demande rien qu'à la justice de sa cause.

Le moment est proche où notre politique doit franchement se dessiner.

C'est en Syrie que la France doit conquérir pacifiquement les frontières du Rhin, en cimentant l'alliance russe par la communauté de la cause qu'elles ont à défendre.

Mais qu'on y prenne bien garde, il ne faudrait pas donner à la Russie une extension illimitée. Les provinces en deçà du Bosphore doivent, croyons-nous, suffire à son ambition. L'Asie-Mineure doit être un terrain neutre, où la France, l'Angleterre et la Russie peuvent essayer des luttes d'influence, mais où ni l'une ni l'autre ne doivent fonder des établissements durables.

Maintenant, que l'on rende à ces malheureuses contrées la liberté de conscience, que Jérusalem soit placée sous la protection de toutes les puissances chrétiennes, rien de mieux; mais ce qu'il importe autant, c'est de placer en des mains énergiques le pouvoir qui s'échappe des mains débiles d'Abd-ul-Medjid.

Ah ! s'il était possible de raisonner les choses pratiques avec de la poésie et de l'enthousiasme, nous dirions : notre choix est fait, un homme vient d'être suscité qui semble être l'incarnation de l'idée que nous voudrions voir représentée en Syrie ; Abd-el-Kader est la grande figure que les Chrétiens et les Musulmans entourent d'une égale admiration ? Les Musulmans, — n'a-t-il pas tenté, en Algérie, de reconstituer, nouveau Jugurtha, la vieille autonomie numide? Les Chrétiens, — ne vient-il pas de les sauver des fureurs du fanatisme à Damas ? Assez bon musulman pour se concilier les populations mahométanes, assez civilisé pour comprendre la justice distributive pour tous, attaché à la France par la reconnaissance, il mettrait une limite à l'excès de propagande russe, il saurait faire respecter les chrétiens de ces lointains rivages, et resterait assez guerrier pour réduire à l'impuissance les tribus remuantes qui voudraient encore troubler la tranquillité de l'Asie-Mineure. Faire d'Abd-el-Kader l'émir de la Syrie, quelle haute fortune pour notre prisonnier !

FIN.

www.ingramcontent.com/pod-product-compliance
Ingram Content Group UK Ltd.
Pitfield, Milton Keynes, MK11 3LW, UK
UKHW012305240726
13966UKWH00004B/1640